HAYMON verlag

firma

Klaus Merz

Prosa Gedichte

Mit acht Pinselzeichnungen
von Heinz Egger

AARGAUER KURATORIUM

Gedruckt mit freundlicher Unterstützung des
Fachbereichs Literatur des Aargauer Kuratoriums.

FSC www.fsc.org MIX Papier aus verantwortungsvollen Quellen FSC® C014138

Auflage:
4 3 2
2022 2021 2020 2019

HAYMON verlag
Innsbruck-Wien
www.haymonverlag.at

ISBN 978-3-7099-3449-4

Buch- und Umschlaggestaltung, Satz: himmel. Studio für Design und Kommunikation, Innsbruck / Scheffau – www.himmel.co.at
Zeichnungen am Umschlag und im Innenteil: Heinz Egger

Gedruckt auf umweltfreundlichem,
chlor- und säurefrei gebleichtem Papier.

Aus der Firmengeschichte
(1968–2018)

Wir führen
nur sporadisch Buch.
Es geht um die Denk-
würdigkeiten.

20. Juli 1968

Fast dämmert es schon unter den hohen Bäumen der Badeanstalt, die ihre Kronen mit den nahen Friedhofsbäumen verschränken. Seit je schwebt leichter Karbolineumgeruch, vermischt mit einem Hauch von Urin, über den grünen Wassern. Frau Droz macht Kasse und räumt das Leckereienkabäuschen auf, sie will heim, läutet mit ihren Schlüsseln. Während der junge Heilsarmeeoffizier zu einem letzten Überschlag vom Einmeterbrett ansetzt, greifen wir entschlossen nach den Kugelschreibern und setzen unsere Signaturen unter den Mietvertrag des Gebäudes, der schon seit dem Morgen in doppelter Ausführung vor uns auf den Badetüchern liegt: Die Firma steht.

7. August 1969

Kurz vor Feierabend versetzt Alexander, unser kaufmännischer Lehrling, die junge Belegschaft in Unruhe: Es gebe kein richtiges Leben im falschen, habe er über Mittag in einem Nachruf gelesen. Und er fragt grübelnd nach, ob es das „richtige" Leben vielleicht gar nicht gebe. Da unser Dasein schon von Grund auf „falsch" angelegt sei: sodass es eigentlich nur *das falsche im falschen* geben könne. Was ja dann aber, *minus mal minus ergibt plus*, durchwegs wieder zum „richtigen" führen müsse. Unsere Belegschaft atmet auf, hörbar.

2. September 1971

Im Frühjahr entsteht neben dem florierenden Betrieb eine Minigolfanlage, achtzehn Bahnen, was bei den Angestellten natürlich stets für unliebsame Ablenkung sorgt und auch wochentags „viele Sportbegeisterte samt Familie ans Schlageisen ruft“, wie der Berichterstatter des Tagblattes elegant festzuhalten weiß. – Am Samstag, es nieselt, ziehen wir das Milchglas hoch, bis über den Scheitelbereich.

16. Mai 1972

Wir werden durchleuchtet. Der Wagen der Frauenliga fährt vor – Schirmbild – und macht uns alle ein wenig krank. Zuerst sind die Männer an der Reihe, sie machen sich schon im Freien oben frei. *Einatmen. Still-halten. Ausatmen.* „Aufatmen", sagen die Raucher und langen noch schnell nach einem Sargnagel, bevor sie wieder an die Arbeit gehen. „Nach dem Durchleuchten der Damen riecht es jeweils weniger streng im Wagen als bei den Herren, Angstschweiss halt", sagt der Fahrer, er raucht eine mit. „Die strahlende Röntgenschwester hat uns ja alles ganz leicht gemacht", sagen wir, versenken die Kippen im Abwasserschacht.

19. Januar 1973

Irina, die wir kurz nach dem Scheitern des Prager Frühlings bei uns aufgenommen und dann gern in der Firma behalten haben, trägt ein Medaillon um den Hals. Wer sich denn unter dem feinen Golddeckel verstecke, wollen wir immer wieder von ihr wissen. Sie widersetzt sich den Neckereien konsequent, „zieht den Eisernen Vorhang zu“, sagt Graber und erschrickt, als Irina ihm ihr Kleinod vor die Nase hält: Es ist ein Bildchen des jungen Jan Palach, der sich aus Protest gegen den sowjetischen Einmarsch auf dem Wenzelsplatz selbst angezündet hat. Vier Jahre zuvor, auf den Tag genau.

19. April 1975

Wäre der Geschlechtsverkehr nicht offensichtlich in geschäftseigenen Räumen vollzogen worden, wir hätten darüber hinwegsehen können: Die beiden Beteiligten zeigen ihre erhitzten Gesichter, dahinter unscharf das Firmenlogo. (Vom Fotografen, der das Bild kurz nach Neujahr ans Schwarze Brett gepinnt hat, keine Spur.) Wir haben Stellung beziehen müssen und halten fest: Es ist Liebe. Unterm Reisregen der gesamten Belegschaft verlässt das Hochzeitspaar kurz vor Mittag guter Hoffnung die Kirche.

2. April 1978

In unserem Firmenkeller wird getrommelt und geschwitzt. Mittwochnachmittags ist schulfrei, Kambers Sohn hat sich mit drei Freunden und ihrem *Schwermetall* zwischen den Kartoffelhorden eingerichtet. Von fern nur erahnen wir Obergeschossigen, was es heisst, wenn einem Hören und Sehen vergehen soll. „Gezinst" wird auf den 1. Januar, ein Gratiskonzert für die Belegschaft, so steht's im „Vertrag". Noch wissen wir nicht, ob wir uns darauf freuen oder davor fürchten sollen.

7. Februar 1980

Hutlose Lieferanten werden nicht empfangen! Das Emailschild dräut über dem Geschäftseingang unseres einzigen Untermieters, dem permanent klammen Hutfabrikanten mit seinen sieben Kindern. Aus Solidarität zu ihm und seiner kleinen Belegschaft, der zarten Modistin aus Graz, entschliessen wir uns, über der Tür des eigenen Betriebes eine entsprechende Warntafel anzubringen: *Herzlose Lieferanten werden nicht empfangen.* Der Nachbar dankt es uns mit einem Allwetterhut.

7. Januar 1981

Mit ihrem nigelnagelneuen Schweizer Pass in der Jackentasche hat unsere lebensfrohe Irina ihre erste, lang ersehnte Reise in die einstige Heimat angetreten. Anfangs Woche ist sie wieder aus Pilsen zurückgekehrt. Sie habe ihr Geburtshaus betreten, sei vorgegangen bis zum Wohnzimmer: „Auf der Ofenbank sitzt Grossvater, Onkel Pepin auf der Couch, Grossmutter hantiert wie immer in der Küche.“ Beim Erzählen steigen Irina Tränen in die Augen: „Aber ich“, sagt sie, „bin eine andere geworden. Eine Fremde.“

11. Juni 1981

„Zweierlei Blunzen. Und dann geschnetzeltes Herz, hat unser neuer Kunde beim Mittagessen im *Salzamt* in Auftrag gegeben, während mir in meiner kulinarischen Unentschlossenheit nur das Schnitzel (aber was für eines!) in den Sinn gekommen ist." – Fast habe er sich vor dem Schlachtverständigen ein wenig geschämt. Überhaupt sei es einer seiner anregendsten Kundenbesuche seit Jahren gewesen, berichtet Karl, der langjährige Aussendienstmitarbeiter, bevor er uns die Bestellliste der Wiener Firma, korrekt wie immer, durchfaxt.

ENTRAD

12. Februar 1982

Der Freitag ist stets fleischlos bei uns.
Apfel- und Käsekuchen stehen zur Auswahl.
Die Kantinefrauen erhalten zum Schälen
Verstärkung aus der Produktionsabteilung.
Es gibt in letzter Zeit immer mehr Männer,
die sich zum Wettrüsten melden; Warte-
listen sind in Umlauf, da sich in der Firma
rasch herumgesprochen hat, wie lustig
es am runden Tisch jeweils zu- und hergeht
mit den scharfen Messerchen in der Hand.
Nur an den Guss und die Käsemischung lässt
Frau Grütter niemanden heran.

1. Mai 1984

Keiner wird gewinnen, KWG, soll, wenn es nach dem frisch bestellten Betriebsrat geht, unser künftiger Solidaritätsfonds heissen: *Für Notfälle im engsten Firmenkreis*. Ein minimaler Lohnabzug erfolgt monatlich und verbleibt in den betriebseigenen Beständen. Einzig Kneuss, der dem neuen Gremium als Beisitzer angehört, ist skeptisch, hat er doch in seiner Stammkneipe schon während Jahren in eine gemeinsame Kasse einbezahlt, den Jackpot aber bis heute nicht geknackt.

15. Oktober 1984

Herr Kamber kehrt aus der Rehabilitation zurück, noch etwas bleich im Gesicht, aber wieder sicher auf den Beinen. Sein künstlicher Ausgang ist vernäht, die Narben sind verheilt. Es stehen Hortensien auf seinem Tisch. „Schnell delegierst du als Kranker dein Elend an einen anderen in dir. Kontrastmittel bringen ihn zum Leuchten, den Finsterling. Und schon fast gelassen betrachtest du dann dessen Befunde", sagt Kamber und fügt mit einem nur schwer einzuordnenden Lächeln hinzu: „Beträfen sie dich tatsächlich, du hieltest dem Schmerz gar nicht stand. So aber überlistest du ihn. Mit Erfolg, wie ihr seht. Und, danke für die Blumen!"

12. Juni 1985

Während der kürzer werdenden Frühsommernächte arbeitet es in uns allen unheimlich emsig weiter. Bis zum Morgengrauen sehen wir uns jeweils von lauter Packmaterialien umstellt. Uneingeweihte würden vermutlich von einem eigentlichen „Schachtelparadies“ sprechen und unseren hohen Ein- und Umsatz loben, wir aber verschweigen selbst den Allernächsten gegenüber diesen kollektiven Albtraum. Aus aschgrauem Karton. Denn die Arbeit ruft.

23. September 1988

Zu unserem Firmenjubiläum fahren wir mit der alten *Fortuna* fast vollzählig auf den nahen See hinaus. Verköstigung an Bord! Das Licht ist mild, das Wasser still. Auf halber Strecke steigt ein junges Brautpaar zu. Vier von fünf Hochzeitsgästen wanken schon. Die Kinderschar am nahen Ufer lärmt und trauert den versunkenen Feuersteinen nach, verwünscht die Wurfkunst dieser lausigen Gesellen. Lediglich die schwere Uhr am Handgelenk des Bräutigams vermag das frisch vermählte Paar einigermassen im Gleichgewicht zu halten.

10. November 1989

Joshua fit the battle of Jericho and the walls come tumbling down: Wir nehmen es Kamber nicht übel, dass er heute auf Englisch im Büro herumpfeift. Er ist bibelfest und führt unsere Buchhaltung nach wie vor tadellos. Kamber hofft auf einen *dritten Weg* für die beiden Deutschland, hat seinen befreiten Glaubensbruder an der Schönhauser Allee per Fax bereits um ein Stück Berliner Mauer gebeten, ein kleines. Ihm schwebt ein Briefbeschwerer aus dem legendären Brocken vor. „Alles wird gut“, sagt Kamber. Und wir glauben es ihm.

30. November 1991

Schon wieder geht der Revisor um. Die Akten liegen bereit, wir lassen ihn seine Arbeit tun, ungestört. Erst während der kurzen Kaffeepause, angesprochen auf Gogols „Revisor“, hellt sich das schmale Gesicht des Gastes sichtlich auf, und er gesteht uns freimütig, dass er, weit über seine täglichen Abrechnungen und Buchhaltungen hinaus, ein passionierter Leser sei. Und ein leidenschaftlicher Segler noch dazu. Als Lesender sei man ja sozusagen ein „LeeSender“: Man erhalte und gebe Nachricht von der vom Wind abgewandten Seite der vermeintlich realen Welt.

6. Dezember 1992

Tag der Kläuse. Graber holt seinen letzten Zahltag mit dem Hürlimann ab. Er hat den alten Traktor in seiner Frei- und Ferienzeit liebevoll und genau zerlegt, tiptop gereinigt und wieder in Stand gestellt, der rote Kühlergrill leuchtet. Nur der Mähbalken fehlt noch, Graber sucht im *Landwirt* nach originalem Zubehör. „Finger ab de Röschti!“, ruft er seinen Kollegen zu, als sie dem Veteranen ans Lenkrad fassen wollen. „Jetzt ist alles parat. Für Hochzeiten, Bauernfrühstücke, Festumzüge.“ Seine letzte „Dividende“ legt Graber zum grossen Engländer in den Werkzeugkasten hinein und tuckert, ohne noch einmal zu uns zurückzuschauen, davon.

22. Dezember 1993

Ein Vierteljahrhundert Firmengeschichte darf schon richtig gefeiert werden. Der Eintrag ins Handelsregister hängt gerahmt an der Wand. Unsere Belegschaft lässt sich nicht lumpen und stimmt ein Loblied auf die Firma an. Die Becher kreisen. Erst auf dem Heimweg stürzt Kneuss mit seinem Rad Kopf voran in die Baugrube hinab: Beide Hände an den kalten Lenker gekrallt, bleibt er bis zum Morgengrauen im Erdreich stecken. Und seine späten Helfer stellen prustend fest, dass Kneuss gar nicht betrunken ist.

30. März 1994

Frau Grütter will in den Schwarzwald zurückkehren. Zum Abschied lädt sie die gesamte Belegschaft zu heissem Beinschinken in ihre Kantine ein. Als geborene Finkbeiner hält sie nach dem frühen Tod ihres Mannes einfach nichts mehr in der Schweiz zurück. Zwölf Jahre lang hat sie ohne Wenn und Aber für unser leibliches Wohl gesorgt. Wirkliche Freundschaften haben sich darüber hinaus leider nie ergeben: „Weiss der Kuckuck“, sagt sie, „vermutlich liegt es an mir“, und kehrt in ihr altes neues Deutschland zurück.

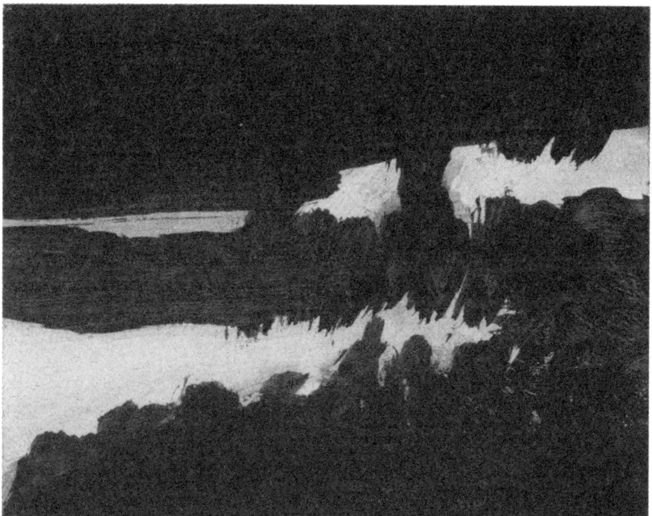

8. Juni 1995

Seit eindeutig erwiesen scheint, dass Kühe dank Musikhören mehr Milch geben und erst noch glücklicher sind dabei, hat unser aufgeschlossener Betriebsrat (in guter Erinnerung an den wilden Groove von Kamber Juniors Heavy Metal Band) auf unsere Jahresversammlung hin die diskrete Beschallung sämtlicher Arbeitsräume traktandiert. Klassik, Schlager, Easy Listening Jazz. „Wir wollen unser Personal doch nicht melken“, so der vollzählig anwesende Verwaltungsrat, abschliessend.

5. Juli 1997

Stau am Gotthard, Sommerzeit, der Süden lockt. *Time To Say Goodbye,* haucht Sarah Brightman, und der blinde Andrea Bocelli unterstützt sie beim Singen. Doch schon seit einiger Zeit rumort es ausgerechnet in unserem Branchensegment. Die Angestellten weigern sich darum standhaft, ihren Sommerurlaub überhaupt anzutreten. Also produzieren wir auf kleinem Feuer weiter, werkeln in Kurzarbeit vor uns hin und geniessen die stillen Sonntagnachmittage umso mehr. Und gemeinsam.

12. August 1997

Wir denken über ein neues Firmenlogo nach, glauben dem Artdirector der ortsansässigen Seifenkisten- und Verpackungsfirma diese Notwendigkeit. Er sitzt in unserem Verwaltungsrat und hat schon dem Aargauer Symphonieorchester zur Umbenennung in *argovia philharmonic* geraten. Während unsere nördlichen Nachbarn also noch stur an ihren „Berliner Philharmonikern“ festhalten, lassen unsere nächsten Tonkünstler die Provinz ein für allemal hinter sich: „It’s a must“, sagen sie. Und tatsächlich zieht auch in unserer Firma, seit wir *investment and response* schärfer ins Auge fassen, die Nachfrage langsam wieder an.

18. Mai 1999

Eine Todesanzeige steht uns heute ins Haus. Acht Jahre sind Graber nach der Pensionierung noch vergönnt gewesen. *Schweizer Qualität* und das Kürzel der hiesigen Volkspartei samt dem obligaten Sönnchen stehen über seinem Namen und den Lebensdaten: als ob unserem einstigen Arbeitskollegen tatsächlich nichts Lustigeres hätte widerfahren können, als zerquetscht unter seinem restaurierten Traktor liegen zu bleiben. Wer ihm die letzte Ehre erweisen will, kriegt Urlaub für den halben Tag, parteiübergreifend.

28. Oktober 2000

Unser Mann von der Spedition zeigt seine Aquarelle. Und er zeigt eine andere Seite von sich selbst. Etwas verlegen steht er im Eingang der renovierten Mehrzweckhalle. KIT, Kultur im Tal lädt zur Gruppenausstellung. Toto grüsst uns per Handschlag. Es sind auch viele Auswärtige da, denn der Ölmaler und die Kunstweberin bringen ihre Leute ebenfalls mit. KIT knausert nicht mit dem Wein. Und wir lassen uns von Toto noch einmal erklären, dass Kunst nicht allein von *können* komme, sondern viel eher von *knien*, sich ganz in eine Sache hineinknien. „Wie beten?“, fragt unsere Seconda nach und legt Toto die Hand ans Herz. „Ja, wieso eigentlich nicht!“ „Aber an deiner Unterschrift, *la firma*, musst du schon noch ein wenig arbeiten“, sagt Giovanna rasch und lacht.

14. Juni 2001

„Heute vor zwei Jahren ist Hiob Schwarz zum letzten Mal gesehen worden. Hiob hat den alten Hof oberhalb des Dorfes bewirtschaftet und ist immer für einen Scherz zu haben gewesen. Ob er das Opfer eines Verbrechens geworden ist oder den Hof freiwillig verlassen hat, ist nach wie vor unklar. Die Polizei hat kurz nach Hiobs Verschwinden den Ort durchsucht und alle Wälder rundum durchkämmt. Gefunden: nichts. Sein Bruder glaubt allerdings nach wie vor daran, dass er noch lebt. Ein Wahrsager hat ihm versichert, Hiob werde bestimmt wieder auftauchen.“ Sein Memorial aus der Lokalzeitung hängt seit heute Morgen am Schwarzen Brett: Dieser Hiob! Noch als Abwesender verbreitet er Zuversicht.

11. September 2001

Das Kofferradio hoch über ihr rotes Hütchen gestemmt, stürzt die Modistin von nebenan aufgeregt in unsere Halle herein: „Hört, hört", ruft sie, „hört, die Türme!" Aber wir hören nicht, was wir hören, bis sie uns erklärt, dass ihre Tochter am kommenden Tag aus diesem New York nach Hause zurückkehren sollte und die Blaulichter samt Sirenen auf unserem Vorplatz gleichzeitig zum Stillstand kommen: Der Filzvorrat des Untermieters steht in Flammen, sie greifen schon über auf unser grosses Dach. Schnell rollt die Feuerwehr ihre Schläuche aus und beginnt zu löschen.

1. Oktober 2001

Unser Dank geht an die Feuerwehr. Und, ja, er gilt auch der Wohltat schöner Bilder, sie legen sich wie Wundverbände auf die angekratzte Netzhaut unserer Seelen. Noch riecht's nach Rauch. Wir produzieren, so gut es eben geht, in den Depots eines nahen Sammlers und Kunstliebhabers weiter. „Nach der geglückten Verstörung der Welt", wie der Kunstfreund sagt, schauen uns seine zeitlos zarten Schätze beim Wiederaufbau stoisch über die Schultern.

25. Oktober 2002

Toto schenkt der Belegschaft ein Aquarell. Wir hängen es unter die grosse Uhr. Auf der Rückseite des gewellten Blattes steht ein Personenregister. Wir suchen auf der Bildseite nach dem eigenen Konterfei und loben Totos Talent. Der Maler hat uns, in die Tiefe gestaffelt, vor dem Betrieb fein säuberlich aufgereiht. Giovanna, seine jetzige Frau, steht im goldenen Schnitt. Auch Graber ist noch mit dabei, unversehrt. Unter unseren Schuhsohlen beugt sich sacht der Erdkreis, und der Asphalt glänzt.

28. März 2003

Kamber geht ein letztes Mal über die Bücher. Er trägt die goldene Jubiläumsuhr an seiner Linken und präsentiert uns eine ausgeglichene Bilanz. Seinen Glauben an einen dritten Weg habe er nach 1989 leider rasch verloren: „Ihr könnt euch aber dennoch auf meine Festplatte setzen", sagt er lächelnd, „sie trägt." Als die Grenzwanderung des Schweizer Alpenclubs, dem Kamber seit Jahrzehnten angehört, am Tag danach rund um den 200-jährigen Kanton startet, ist dies mit 20,3 Grad Celsius der wärmste Tag im März. Und der erste seiner Pensionierung.

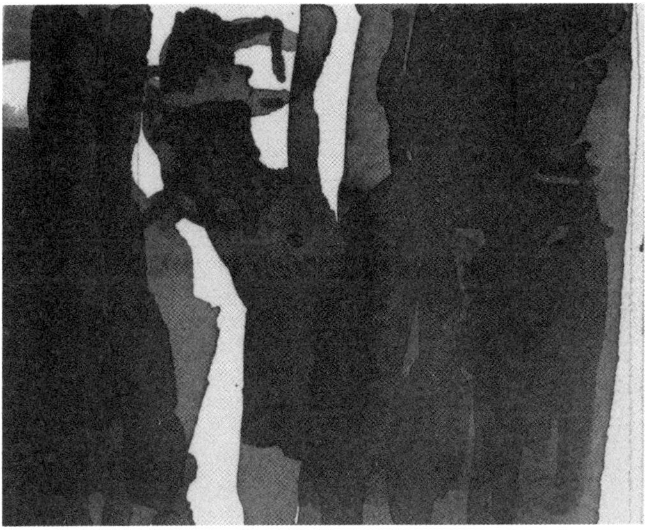

10. August 2003

Nein, auch wir lassen uns natürlich nicht lumpen, wenn ein OK-Präsident persönlich vorspricht, übernehmen gern ein halbes Rind. Die Gratiseintritte zum Schwingfest gehen bei der Belegschaft weg wie frische Brötchen. Alle wollen „die Bösen“ doch mit eigenen Augen gesehen haben. Und heute steht es, samt Bild und Erwähnung der Hauptsponsoren, auch bereits in der Zeitung: Laimbacher heisst der neue Schwingerkönig der Nordwestschweiz. Die unterlegenen Kollegen stemmen ihn auf ihre breiten Schultern hinauf. Zwei Rinder, ein Fohlen werden als Preisgeld auf den Kampfplatz geführt, und die gepiercten Bauchnäbel der Ehrendamen leuchten im Abendlicht.

4. Juli 2005

Das Putzinstitut besetzt den Bürotrakt. Gegen das durchorganisierte Zupacken dieser eingespielten Mannschaft wirkt jede eigene Tätigkeit nichtig. Wir schweigen und schreiben unsicher vor uns hin, fragen uns insgeheim höchstens, wie man sich selber in den Sattel hilft, wenn weit und breit kein Reitpferd zu erspähen ist. Heute ist Montag, verbriefter Feiertag der Friseure. Und alles bleibt, wie überall und jeden Tag, stets eine Frage der Deutungshoheit.

18. März 2006

Seit die Tochter der Grazer Modistin Kambers Nachfolge bei uns angetreten hat, hängt stets ihr „Bild der Woche“ am schwarzen Brett. Was auffällt, Amerika lässt sie nicht mehr los: Das Foto heute zeigt US-Soldaten im Irak. Der eine liegt mit einer Kopfverletzung auf dem Rücken, der andere hebt einen Morphiumbeutel in die Luft, ein dritter kniet neben dem Verwundeten, fühlt ihm den Puls, verzweifelt: Seltsamerweise sieht sein Gesicht dem Gesicht seines Staatspräsidenten zum Verwechseln ähnlich.

4. August 2006

Zwischen den grünen Buchsbaumkugeln, schon abgesenkt, steht Kneussens Sarg, Nussbaum fourniert, es ist ein früher Nachmittag. Der kleinste Kranz steckt noch in Cellophan, er kommt von weit. Sind wir uns nah? Der Pfarrer meint's und gibt, *Erde zu Erde, Staub zu Staub,* die Schaufel weiter an einen Polterer. Wir selber meiden, so gut es geht, die Rumpelsteine: „Leb wohl, Kamerad!“ steht in goldenen Lettern auf unserer grünen Schleife.

14. April 2007

Alex, unser erster Lehrling, wird emeritiert. *Das richtige Leben im falschen* hat ihn sein Leben lang nicht mehr losgelassen. Davon erzählt er auch in seiner Abschiedsvorlesung, ernsthaft, uneitel wie am ersten Tag. Wir sind seinem „Ruf“ nach Berlin gern gefolgt, zu dritt, die Badetuchfraktion. Nach dem offiziellen akademischen Teil und dem Apéro riche tauchen wir mit dem Emeritus im Zwiebelfisch am Savignyplatz unter. Und stellen im Lauf der langen Nacht definitiv richtig, was eindeutig falsch läuft in der Welt.

31. März 2008

Wir legen ein blaues Tuch über die endgültig ausgemusterte Kugelkopfmaschine, Kambers erste Investition und Stolz der frühen Jahre, wenden uns wieder unseren Bildschirmen zu und tauchen ein in die farbenfrohe Unterwasserwelt der neuen Bildschirmschoner. Oder wir heben kurz ab, schwingen uns über den Alltag hinaus in eine vogelfreie Unerreichbarkeit, die, wir wissen es längst, im Grunde nur noch hinter geschlossenen Augen zu haben ist.

30. September 2008

Durchs Oberlicht des Untergeschosses fällt unser Blick jenseits der Strasse auf den matten Schein der Deckenleuchte in der Wohnung der einstigen Lehrerin. Die halbe Belegschaft ist durch ihre „Schule“ gegangen. Wir verdanken ihr nicht nur den Akkusativ. Jahraus und -ein trägt sie ein blaues Kleid. Winters Wolle, Seide im Sommer, Baumwolle in der Übergangszeit. Und dazu einen Hut, wie ihn Goethe auf seiner Italienischen Reise und für Tischbein, seinen Freund und Porträtisten, trug. Aus Haarfilz, aus Stroh. Der Hutmacher hat stets beide Modelle an Lager. Unser Fräulein feiert heute seinen Fünfundneunzigsten.

Gleichentags

„Ach, diese windige Arroganz der Börsenkurven gegenüber dem sanften Verlauf der Jurahügel in euren Rücken!“, schreibt Kamber auf einer Ansichtskarte an die Firma. Sein Zeichen überrascht, erfreut und rührt uns fast ein wenig. Die Bildseite zeigt jedoch nicht etwa die Gislifluh bei Aarau, sondern das düstere „Schlachtfeld bei Marathon“ von Carl Rottmann. Anlässlich seines letzten Berlinbesuches habe er lang vor dieser aufwühlenden Inszenierung gestanden: In der Jackentasche die neuste *Berliner Zeitung* mit den sich überschlagenden Ereignissen um die globale Finanzkrise, vor Augen aber diesen atmosphärisch und historisch aufgeladenen Ort im alten Attika. Und, ja, im Herzen ganz plötzlich eine Art von Heimweh. Nach Euch allen. Sig. Kamber.

3. Mai 2009

Kneussens Drahtesel steht tatsächlich zuoberst auf dem Berg von Unrat, den ein paar unverbesserliche Nachtbuben mitten im neuen Kreisel neben der Firmeneinfahrt aufeinandergetürmt haben: *Kilroy was here,* fahrig hingesprayt auf eine unserer Reklametafeln, lehnt am Fuss des zusammengetragenen Diebesgutes. Von „alter Tradition" wollen die Kirchgänger und Schaulustigen, allen voran die Neuzuzüger, gar nichts wissen. Auch die junge Polizistin, schwer bewaffnet, wie sie ist, schiebt den kriminellen Unfug den jungen Leuten in die Schuhe, die schon zum 1. Mai, ziemlich lauthals, im kleinen Umzug mitgeschlurft seien. Toto deponiert Kneussens Rad kurzerhand neben der IBM Kugelkopf im Kellerarchiv.

8. November 2010

Endlich kommt es doch noch zur Einweihung der betriebseigenen Sauna. Die Wassertonnen sind gefüllt, ein Stapel weisser Frotteetücher liegt bereit. Die Männer und Frauen der ersten Schicht heizen kräftig ein, giessen Wasser auf und ziehen einander dann, in Ermangelung frischer Birkenzweige, ganze Bündel grober Verpackungsschnüre über ihre aufgeweichten Rücken. Sodass das muntere Flagellieren, der Gesundheit zuliebe, durch ein Machtwort unsererseits ziemlich abrupt gestoppt werden muss.

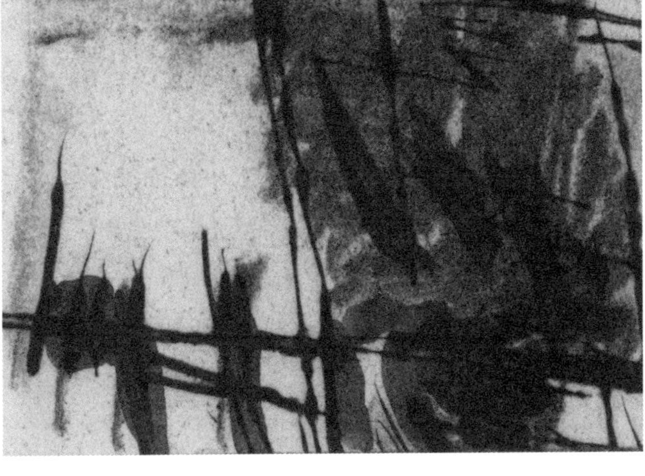

3. März 2011

Unsere neue Telefonistin heisst Ampferer, kommenden Montag tritt sie ihre Stelle an. Eine zarte Frau mittleren Alters mit einer angenehm warmen Stimme. (Darauf achten wir besonders.) Beim gemeinsamen Rundgang durch die Geschäftsräume drosseln wir unser gängiges Tempo beim Treppensteigen ihretwegen gern ein wenig. Und gern hätten wir auch über die nötige Geistesgegenwart verfügt, ihr den Blick auf die neue Sauna und die bange Frage zu ersparen: „Ist es Pflicht?“

2. November 2011

Pünktlich wie jedes Jahr im November spricht der Revisor wieder bei uns vor. Neben die bereitliegenden Papiere legt er diesmal ein Buch und fragt, ob es recht sei, wenn er zum heutigen Allerseelentag zuerst ein paar Seiten aus *Ein anderes Leben* von Per Olov Enquist vorlese. Sagt's und schlägt uns sofort in seinen Bann, zieht uns den nördlichen Polarkreis über die Ohren, umgibt uns mit fernem, aber nicht fremdem Personal und einem Grossvater, der mit seinem lebenden Kreuzfuchs bis nach Stockholm hinunterfährt, um ihn an der Pelzausstellung in der Hauptstadt zu zeigen und dann, ein für allemal, heimzukehren nach Arvidsjaur. Mit einem glänzenden Pokal in der Hand. Daraufhin beginnt der Revisor unverzüglich mit der Durchsicht unserer Akten.

1. Juni 2013

Es ist nass und kalt, die Bäche gehen hoch, sogar durch unseren stillgelegten Fabrikkanal wälzt sich die braune Welle. Wir ziehen den verhockten Schieber hoch. Sonst aber dreht sich die Welt noch immer nur um die schmutzigen Geschäfte ihrer Banken. Und diese pekuniäre Allerweltsangst rund um die Uhr macht unsere Gegenwart von Tag zu Tag trüber. Sein gezähmtes Huhn auf dem Sozius der Lambretta fährt der Biologielehrer der Oberstufe zur Neubeurteilung der Lage durch den triefenden Ort.

3. Oktober 2013

„Ich befinde mich im Vorraum“, sagt Frau Ampferer, leise. Sie bezeichnet damit keinen Ort, sondern ihren Zustand. Und wir wissen sofort, dass jetzt jederzeit mit einem epileptischen Anfall zu rechnen ist. Oft gelingt es ihr, die Attacke noch ein wenig hinzuhalten, bis sie wieder zu Hause ist, wo sie ihr Mann auffängt, mit liebender Hingabe und seinen starken Armen. Aber auch wir bleiben achtsam. Ihre Verletzlichkeit tut unserem Unternehmen gut.

13. Juli 2014

Public Viewing im Innenhof, zum ersten Mal in unserer Geschichte öffnen wir der Allgemeinheit die Türen. *Sound & Vision Multimedia* stellt einen Beamer zur Verfügung, der Torwart links wie rechts hält dicht. Wir spendieren Bier und heisse Würste: Hut ab, Hut ab vor Götze, der dann doch noch trifft. Der Hutfabrikant trägt seine Borsalinoform zum Feuer, legt sie nach. Die versammelte Fangemeinde kippt, je länger der Abend dauert, ganz langsam nordwärts, den nahen Alemannen zu. Und Messi weint.

21. August 2016

Zählt man die Modistin von nebenan auch dazu, gibt es noch immer drei Raucher im ganzen Haus. Pünktlich um zehn und nachmittags um halb vier versammeln sich die Unentwegten um den letzten Aschenbecher hinter der Kantine, befeuern einander gegenseitig, um ihr kleines Laster noch ein wenig am Leben zu erhalten. Immer wortloser schauen sie den grossen Lastern nach, die durch den wachsenden Ort unterwegs sind: „Puchleitner“, sagt die Modistin, „der kommt aus Graz.“

20. Januar 2017

Wird der Himmel im Westen gelb, steht uns Hagel bevor. Frau Ampferer fährt ihren Van unters Dach. Wir drehen die Sonnenstoren hoch, klemmen den Kopf zwischen die Schultern beim Gang über den Hof. Wir wollen nur schnell nach Washington schauen: Auch der dortige Morgenhimmel trägt das Gelb der präsidialen Tolle, die heute inauguriert werden soll, die Lage ist ernst. Kommt Pech, kommt Schwefel? Doch noch bevor der Inthronisierte auf den harten Knopf seiner roten Krawatte drücken kann, um das miese Wetter Gott persönlich heimzuzahlen, löscht Lilith Ampferer den Spuk.

6. Januar 2018

Nach Jahren erst biegt Hüttenmoser wieder einmal ins Firmenareal ein und bleibt mit seinem ganzen Gewicht im Wagen sitzen. Auf der Rückbank bellt sein Hund. Auch er, der einstige Grossaktionär, brüllt jetzt durchs Seitenfenster: Er schildert uns die missratene Apfelernte im Thurgau, seinen permanenten Engpass in der Leistengegend, spricht von der anspruchsvollen Hege & Pflege im Winterwald und von den tollen Hochschulabschlüssen der Enkelkinder. Von seiner geplanten Übernahme sagt er nichts.

4. März 2018

Kurz nach Sonnenuntergang steht fest, unser Land lässt sich nicht über den Biertisch ziehen. Radio und Fernsehen bleiben ein demokratisches Projekt. Aber morgen schon tagt unser Verwaltungsrat in eigener Sache, wir bereiten die Traktanden für den Montag vor. *Quand l'amour meurt*, wünscht sich derweilen ein 92-Jähriger im Radio. Und Marlene Dietrich singt's. (Bald sind auch wir ja schon in einem Alter, da man einander die Krankheiten als Lebensinhalt zu neiden beginnt. Oder sogar den Tod.) Auf unser Haupttraktandum „Sozialplan" folgt am Montag, unverrückbar wie immer, „Varia".

24. Dezember 2018

Der Dampfkopf raucht, die Firmenkinder singen *Lieb Nachtigall, wach auf!* In seinem Showroom hängt der Untermieter von der Decke, er hört die Engelsstimmen nicht. Wir feiern Heiligabend, gemeinsam heuer. Der allerletzte Ausverkauf liegt hinter uns. Wir lassen die müden Arme sinken, summen mit: *Es goht e chüele Wind, d'Meitli legge d'Häntsche a und d'Buebe laufe gschwind.* In unserer Mitte steht der feiste Hüttenmoser, er verteilt die Kündigungen, sagt: „Fürchtet euch nicht!"

Über den Zaun hinaus

Zwischen den Leer-
zeilen diese kleinen
Barrikaden der Schrift.

Dem Nichts entgegen-
gestellt als Gedicht.

Männer im Garten

Sah den Männern im Garten
beim Holzfällen zu, kippte ihnen
zielgenau vor die Füsse.

Sie hoben ein altes Vogel-
nest aus meiner Krone und
bliesen mir frischen Odem ein.

Aus dem Gehörschutz des Sägers
drangen malische Klänge, ich sah
die Wegameise auf seiner Stirn.

Nie hätte ich in hiesigen Gefilden
so fernen Gesang erwartet, rieb mir
das Sägemehl aus Auge und Ohr

und dankte für die gelungene
Räumung des Himmels
im Namen der Zugvogelschar.

Heute

Zeit für Einsichten,
Besuche und das Durch-
steigen der Wand:

Oben angekommen
wird unter den Bäumen
Laub aufgetischt.

Über den Zaun hinaus

Als meine Grossmutter väterlicher-
seits so alt war, wie ich es heute bin,
hatten sich ihre gichtigen Zehen schon
zum Sterben übereinander gelegt, und
bei Grossvater begann das Zittern.

Aber tapfer gab die Frau ihrem Mann
das letzte Geleit. Auch Vater, Mutter,
mein kleiner Bruder, sie setzten sich
bald von mir ab, folgten in leidlichem
Abstand den Vorausgegangenen.

Die kleine Nachhut meiner eigenen
Familie trug Blumen und Wasser
zum Stein, die Kinder versteckten sich
zwischen dem Ginster und fragten uns
nach den Gründen für Leben und Tod.

Wir stemmten sie in den Himmel hinauf,
trugen sie summend durchs eiserne
Tor hinaus. – Vom nahen Tennisplatz
spritzte ein Ball vor unsere Füsse, wir
steckten ihn ein. Als Zeichen von drüben.

29. Februar

Wenn du morgen
zurückkehrst, Liebste,
öffne ich dir
mit einer Schlüssel-
blume die Tür.

Hoher Jahrestag

Wir lesen einander
die Tätowierungen der Zeit
ab von der Haut. Bügeln
die zerknitterten Hemden glatt.

Und du würzest die Speisen
(zart wie schon immer)
mit einer Prise Herbst-
zeitlose, zerstossener.

In Liebe und achtsamer Fremd-
heit voreinander erwarten wir
an unserem alten Hochzeitstisch
die gelichtete Gästeschar.

Für S.

Kammerjagd

Erst allmählich begreifen wir,
warum Marder und Mäuse
unsere Schlafzimmer meiden:

Der hohe Ton unserer Träume
hält sie von uns fern.

Gespräch am Teich

Was mir fehlt, sind
Dübelbohrer und
die Gerätschaften,
um Grasnarben an-
zuheben, unversehrt.

Auch verfüge ich nicht
über die Gnade, alle
Zweifel auszuräumen
mit einem einschlägigen
Zitat. Aber mein Ohr,

es leuchtet zuweilen rot,
lauscht den Fischen und
versteht ihr Stummsein
vor der Welt besser
von Tag zu Tag,

sage ich zu meinem
nördlichen Nachbarn.
Wir helfen einander
manchmal aus.

Haute Route

Säumig bin ich,
ein säumiger
Säumer.

Das Maultier trägt
meine Last. Und hält
den Abgrund
im Auge.

So steigen wir
langsam
bergan.

Vom Licht

Wir gehen über Land,
stehen witternd im Tann,
den falschen Winden
weichen wir aus. Aber
die Tiere meiden uns.

Erst am folgenden Tag
drehen uns (beim Treib-
haus nah den Turbinen)
alle Blumen die Köpfe zu:

Und auch wir beginnen
zu leuchten, von innen.

Sonnenfinsternis

Täglich diese langen Limou-
sinen quer durchs Quartier.

(Und nicht immer liegt
Schneewittchen im Sarg.)

Wir schliessen die Fenster,
nehmen die Arbeit wieder auf.

Rauch steigt aus den benach-
barten Schloten, schiebt sich

vor Sonne und Mond. Als zarte
Finsternis vor dem Herrn.

Keine Reiter in Sicht

Im Park unterm Entenvolk
weilend, am Wasser noch
dünnes Eis. Eine Möwe
rutscht kurz aus, die Kinder
kreischen. Eichhörnchen
fressen uns aus der Hand.
Widerborstig die Raben.

Von der Brücke her naht
ein Schwertransport, die Erde
bebt. – „Komm!“, hören wir
in unserem Rücken rufen.
Die Reiter aber sehen wir
nicht, die apokalyptischen.

Zum Schulabschluss

Vor euch das Leben
als weit verzweigtes
Abstellgleis.

Ein anderes Schienen-
netz steht uns nicht
zur Verfügung.

Und der Prellbock
als letzte Instanz.
Verzeiht.

Privatrevier

Die geschulte Sprache führt
durch den Wald. Jägerlatein
in Loden geschlagen gegen
die Heidenangst.

Halt mir ja das Gescheide
vom Leib, bittet die Liebste.
Sie trinkt von der Quelle
und verwandelt sich nicht.

Auf der Lichtung äsen
die Rehe, ungestört.

Leicht gesagt

1

Laufkatze,
Kranführerhaus,
die Gegengewichte.

Unter lauter selbst-
verständlichen Dingen
verbringen wir den
unbegreiflichen Tag.

Und die Neubauten
wachsen immer schneller
über unsere Köpfe hinaus.

2

Wie ruhig mein Nachbar
hinter seinem Stall steht,
das grosse Kaninchen
erschiesst und sorg-
fältig austropfen lässt.

Und wie schmiegsam
der Baggerzahn ins
dahinter liegende
Holzhaus greift
und es schleift.

II

Königswege

Fluss aufwärts
kehren die Lachse
zu ihren Laich-
plätzen zurück.

Im Strom der Sprache
baut das Gedicht
eine Treppe
dem Wort.

Entern

Es bricht
durch das Fenster
ein schwarzer Korsar,
beginnt zu erzählen:

Wir montieren die Augen-
klappen, lichten den Anker
und fürchten uns nicht.

Mohn am Schuh*

Die Sonne als Punkt
im Raum, sie greift
nach den Schläfern.

Ihre Pupillen grasen
die Lidwände ab nach
dem rötesten Mohn:

„Mon âme joue", schreibt
die Dichterin, streift ihren Schuh
vom Fuss und träumt weiter.

* Titel eines Gedichtbandes von Leonor Gnos

Altes Foto

Dieses Genf ruft mir
unser Paris von 1993
in Erinnerung:

Sass mit meinem
halbwüchsigen Sohn
über den Dächern der Stadt.

Und wir rochen
das Meer.

Rauriser Notiz

Eine Sprache finden,
Worte, die nicht
über das Erzählte
hinweg flutschen,
sondern Reibung
erzeugen, Wärme,
Licht.

Grosses Welttheater

Let it be, singen die Beatles,
und Jesus führt den Reigen an.
Er reitet auf Mohammeds Pferd,
ein endloses Heer von fröhlichen
Toten begleitet ihn.

Einzeln treten die Gauklerinnen
und Gaukler nach dem letzten Akt
an die Rampe meines nächtlichen
Traumes, verneigen sich.

In stürmischen Wellen fegt
der Applaus über die Bühne,
reisst mich mit: Zurück bleibt
ein friedvoll leeres Parkett. Und
der Eiserne Vorhang senkt sich still.

Spiegeltheater

1
Schaue mir täglich
beim Älterwerden zu:

Die Kulissen zittern.

Aber niemand lacht
ausser mir.

2

Nach einer Weile
wendet sich das Kind
ab von der Bühne.

Um den Zuschauern
beim Zuschauen zu-
zuschauen, gebannt.

Bild im Bild

1
Was bleibt, sind
nicht Haare, nicht
Knochen, die Asche
verstreut im Wind.

Es ist die Zuversicht
der Dinge, Krug, Sitz-
bank, das Bild im Bild:

Die dunkle Transparenz
der Farben, die lichte,
die der Vergänglichkeit
ruhig entgegensteht.

Zu „La Brocca Nera“ von Anje Hutter

2

Er streift seine Pinsel
ab am Revers, tritt
drei Schritte zurück,
sagt: Wo die Kunst
wirklich Fuss fasst,
entsteht hinter dem Bild
stets ein Nachbild
vom Menschen.

Für Heinz Egger

Rondo brillant

Am Pianoforte sitzt
Carl Maria von Webers Schatten.
Er spielt die *Aufforderung zum Tanz.*
Als Loop.
Mit dem Material unserer Lebensläufe
verlegt der Baumeister der Welt
sein weites Parkett.

Im Museum

Wir schreiten langsam
die Gemälde ab. Uns
scheinen die Porträts
so wohlgesinnt, heute.

Und das Bedürfnis wächst,
für immer unter ihnen
zu verweilen. Ja, ihres-
gleichen eins zu werden:

Ein Porträt Holbeins
beispielsweise oder
ein Gesicht Rembrandt
van Rijns, ein spätes.

Die Verwandlung

Fotografien heben
die Wirklichkeit auf.

Wir lagern sie aus
in die Wolke. Und

unsere Allerwelts-
verbundenheit hält

uns gefangen. Auf
engstem Raum.

Kongenial

Als hätte Renoir sie gemalt
(mit einem Besen in der Hand,
gekräuseltes Nackenhaar),
wischt sich meine Nachbarin
aus dem Bild.

III

Allgemeine Mobilmachung

Die Rabeneskorte kündigt die Alte
schon von weitem an. Eine Krücke
im Anschlag sitzt sie im Rollstuhl.
Sie trägt einen Helm.

Aus den Satteltaschen ragen vier
Rhabarberstängel, ihre Seitengewehre.
Sie rückt sich zurecht im motorisierten
Gefährt, visiert die Wohntürme am
Stadtrand an:

„Ohne Geleitschutz und Waffen ist mir
stets böse mitgespielt worden, ich wurde
verlacht und gefoppt, umröhrt oder gar
nicht beachtet. Jetzt aber lüften die Kids
ihre Kappen, die Polizei winkt mich durch",

sagt die Alte, wirft eine Handvoll Aas
in die Luft, schliesst das Visier. „Roberta,
gib Gas", schnarrt der finstere Chor. In ihrer
Linken einen zerzausten Olivenzweig, er weist
ihrer Vorhut den Weg: Weiter westwärts!

Hinter der Avantgarde verschwindet
die Frau allmählich in der Dunkelheit.
Ist kaum noch zu unterscheiden
vom Krähenheer.

Hohe See

Der in seiner Jugend
eine Sirene liebte, der
Leise, der Zarte, hat
sich seine Kreuzfahrt
vom Mund abgespart:

„Rentner glitt singend
über Bord der *Seabourn*
Odyssey“, meldet Reuters.

Verwandtenbesuch

Am hintersten Fenster der Flugmaschine sitzt der
Onkel, die Hände über dem runden Griff seines
Regenschirmes gefaltet, zum Luftgebet.

Ihm gegenüber ein Junge, mein späterer Vater,
er krallt seine Finger ums angezogene Knie, miss-
traut dem Boden unter den kalten Füssen.

In Stuttgart hatten sie zuvor einen Aufmarsch
miterlebt. Onkels schwäbischer Schwiegersohn
stemmte sein Söhnchen ins Fahnenmeer, das
Büblein quietschte vor Lust und Angst,

und von den Schritten bebte die Erde. Mein
Vater suchte Schutz hinter seiner Cousine.
Er konnte das magische Kribbeln im Bauch
mit seinen Verwandten einfach nicht teilen.

Spät kehren sie heim, erstmals durch die Luft,
setzen auf Onkels Geheiß den „Höhenflug“ fort.
Doch dem Neffen ist der Mann gegenüber nicht
mehr geheuer in der sinkenden Dämmerung.

Nationalfeiertag

Heimat erfahren
heisst auch:
Zwischen alten
Fürzen ruhen.

Echo

Nacht für Nacht rufen uns
Blaulicht und Martinshorn
in Erinnerung:

Ihr seid noch einmal
davongekommen!

Ich schiebe meine Hand
auf dein heiles
Geschlecht.

Chinesisch

Ein langsamer Traum
in Porzellan gebrannt,
er erklärt mir die Liebe:

Sie ist weiss. Und man
kann daraus trinken.

Weites Land

Bevor sie heimwärts ziehen, spät,
trinkt jeder ein letztes Bier, es geht
auf Kosten des Hauses. Der eine
führt noch einmal seine Schwieger-
tochter ins Feld, sie stammt aus
Georgien. Hat für ihre Verwandten
einen Wasseranschluss besorgt und
goldene Armbanduhren aus der Schweiz.
Der andere weiss um einen Kanadier
mit viel Wald und einem Gewehr am Rücken.
Gegen Bären und Wölfe – und überhaupt:
Kommt gut nach Hause, sagt der dritte, zieht
seinen Hut in die Stirn. Du auch, du auch,
zieh einfach den Kopf ein, wenn's kracht!

Horchposten

Der Abend naht:
Ich suche nach dem Satz,
der die Welt zusammenhält.
Über Nacht.

Nach Seinem Bilde

Wir wissen wenig
über die Reformation
im Kirchsprengel von Kulm.

Doch verweilen wir gern
vor der Zartheit seiner gotischen
Fresken, Bilder vom Menschen,

die vor einem halben Jahrhundert
unterm Putz hervorgeholt wurden,
ihre Wundmale schmerzten.

Auch heute wieder steigt Rauch auf
aus Dörfern und Städten, Menschen
fliehen. Die Brandherde wandern.

Manna

Sky Food steht
auf dem Laster
am Pistenrand.

Nach dem Start
kommt die Nacht.
Drei Engel tragen
die Speisen auf.

Wir stürzen kauend
in den Himmel hinab.

Zeiten

Vergangenheit.
Vorvergangenheit.
Unvergangenheit.

Träumte den Traum
meiner Enkelin, ihre Bangigkeit
vor der Schulzimmertür:

Mit vereinten Kräften
riegeln wir den Unort
ab.

Augen zu

Die Nacht flunkert,
der Tag blendet
mit seinem Werk:

Am klarsten
erkennen wir uns
in den Träumen.
Vielleicht.

Jüngstes Gericht

Morgens um vier,
durchlässig für alle
Schrecken der Welt,

bitte ich um Nach-
sicht für mich und
die Häscher. In mir.

Der grosse Brief

Auf der Brücke kommt mir
eine junge Frau entgegen.
In Papier eingeschlagen
trägt sie das Röntgenbild
ihres Thorax vor der Brust.

Im stechenden Januarlicht
buchstabiere ich mich
bis auf ihre verängstigten
Knochen hinein.

Alles wird gut

Von den Schläfen
fällt Schorf auf die Schultern.
Als Zeichen der Heilung.

IV

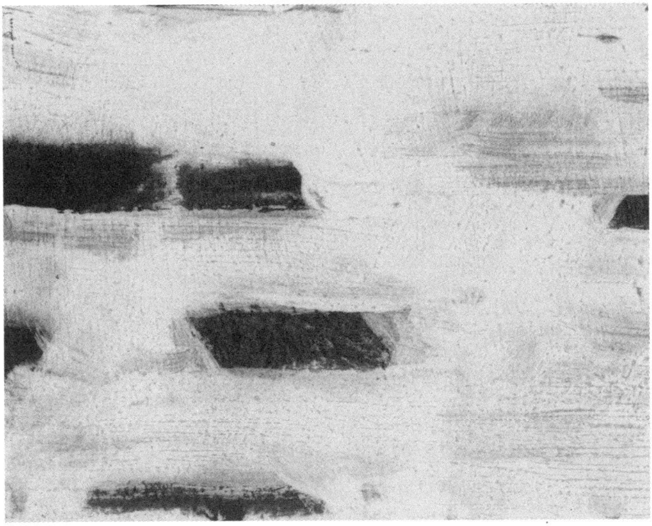

Am Azonas

Trieb als Korken dahin
auf dem breiten Strom,
und es dämmerte.

Immer schneller glitten
die Anlegestellen vorbei,
die Lagerfeuer lockten.

Hinter geschlossenen Augen
überliess ich mich dösend
dem dunklen Kurs.

Daheim

Nachts legt sich Schwärze
in die Kuhpfade am Hang.
Der Tag trinkt sie aus. Und

die Häuser treten wieder
aus ihren Kellern hervor.

Nach dem Heuet

Dem Landwirt an meiner
Strasse fehlt der Stumpen
im Mund, die Augenbrauen
und Haare fehlen ihm auch.
Doch er redet, als ob nichts
gewesen wäre: Morgen früh
sollte ich nochmals antreten,
sagt er und winkt ab.

Steppenwolf

Die Rezensentin hat sich
den Gang einer Tigerin zu-
gelegt.
So streunt sie tagtäglich
durch ihr papierenes
Reich.
Selbst Analphabeten
nehmen schon Reissaus
vor ihr.

Kleiner Reiseführer

1
Das Auge, unser
individuelles Salz-
kammergut.

2
Vielleicht sind
die Unentwegten
die eigentlich
Entwegten.

3
Wohin nur
führen die Blut-
bahnen uns?

4
Eden. Gerste. Elfmeter
schreibt die Zugsnachbarin.
Und hat *ihr* Rätsel gelöst.

5
Auf welcher Seite
des fahrenden Zuges
liegt eigentlich die bessere
Hälfte der Welt?

Am Arm des Übersetzers

Schau Warschau an, sagt
mein *Translator:* Wo früher
das Zentralkomitee tagte,
residiert heute die Börse.
Kapiert?

Fortgang

1
Aus allen Schuhen ge-
kippt. Und wo noch einer
am Fuß steckt, gibt's
wunde Stellen.

2
Der Himmel leckt. Barfuss
wie in den Filmen
geht Jesus übers Wasser.
Wir hinken.

Prekariat

Es gehört nicht nur
zum Elend der Reichsten
(die Börsenkurse schwanken),
auch wir nehmen dieses
Leben für bare Münze.

Verlockendes Angebot

Fit for ever
lautet der Slogan
über der Eingangstür:

Hier also
bereiten wir uns vor.
Für die Ewigkeit.

Gegengeschäft

Überall so viel Eifer,
er zwingt mich zur Feier.

Zum Schneien aus
meiner linken Hand.

Geständnis

Nichts geht
ohne den Beistand
der Wörter.

gez. km

Inhalt